Zdeněk Miler · Manika Lemanova

Das Maulwurf Garten buch

Idee und Text:
leiv Leipziger Kinderbuchverlag GmbH
© Illustrationen: Zdeněk Miler - Erben
© leiv Leipziger Kinderbuchverlag GmbH
1. Auflage 2021
Bildgestaltung und Typografie: Jochen Busch
Druck und Binden:
Grafisches Centrum Cuno GmbH & Co. KG
Printed in Germany

ISBN: 978-3-89603-515-8
www.leiv-verlag.de

Unser
Maulwurf
im Frühling

Im Frühling beginnt die Gartensaison …

Die Sonne scheint, der kleine Maulwurf krabbelt aus seinem Bau, gähnt und streckt sich und schnuppert fröhlich in die Luft hinein: „Ahhhh, endlich Frühling!" Die Tage sind schon voller Vorfreude und werden langsam wieder länger.

Doch wie sieht es denn in seinem Garten aus? Der muss mal wieder in Ordnung gebracht werden!

Als Erstes kramt unser Maulwurf seine Gartengeräte hervor.

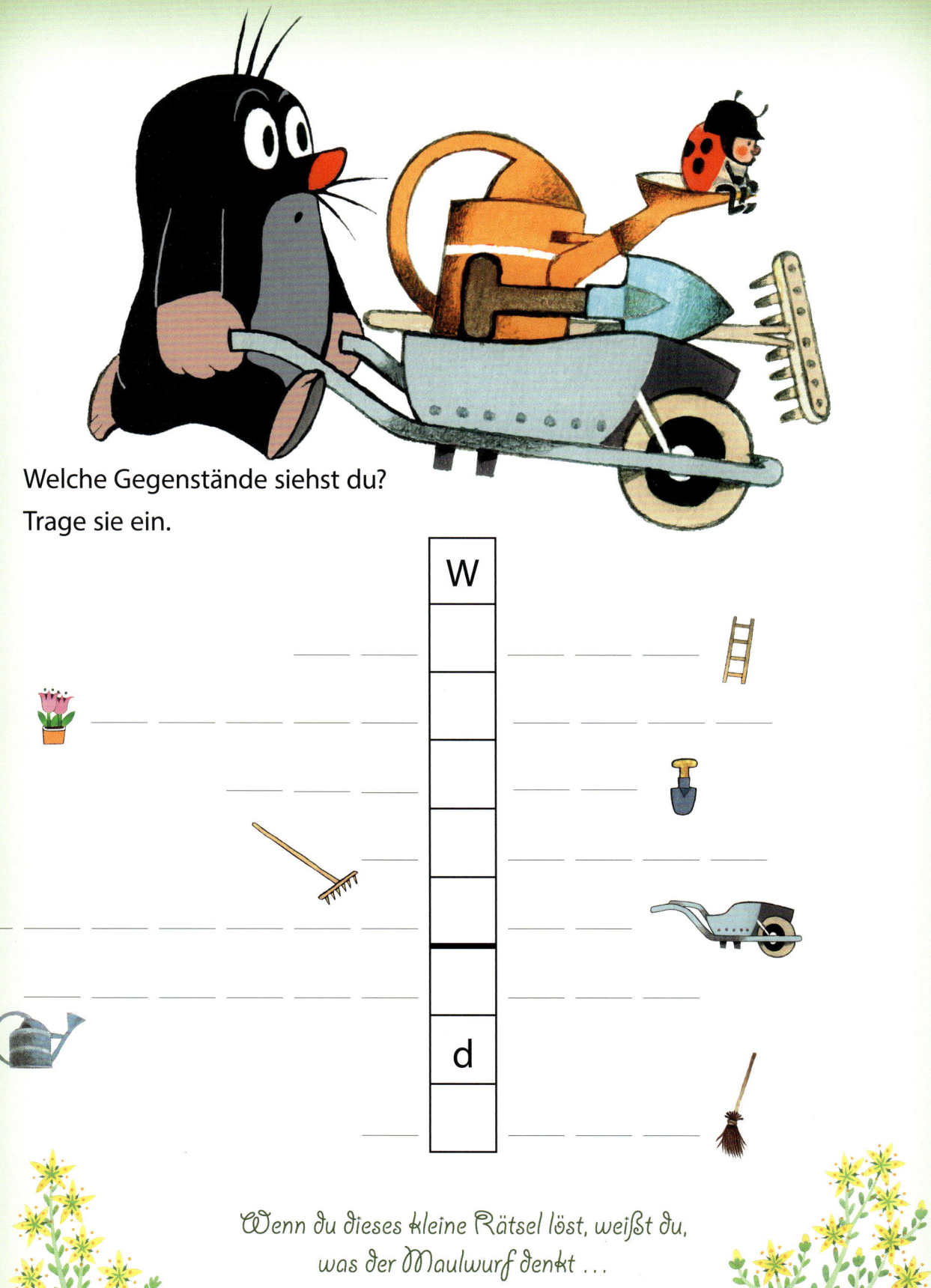

Welche Gegenstände siehst du?

Trage sie ein.

W	
d	

Wenn du dieses kleine Rätsel löst, weißt du,
was der Maulwurf denkt …

5

Auflösung ☞ Seite 40

Freundin Maus bemerkt das emsige Treiben des Maulwurfs.

„Kann ich dir helfen?" Schwuppdiwupp hat sie den Rechen in den Händen und befreit den Rasen von abgebrochenen Zweigen und alten Blättern.

Auch der Igel will mithelfen. Er fegt den Weg zum Garten frei, und die Gartenbank müsste auch mal wieder geputzt werden.

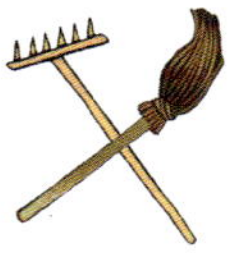

Jetzt kann die warme Jahreshälfte aber wirklich kommen. Die ersten Frühlingsblumen recken auch schon ihre Köpfchen.

Findest du zwölf Unterschiede?

7

Auflösung ☞ Seite 40

Heute geht ein
Raunen durch den
Wald, ein Flüstern
und Wispern. „Habt
ihr schon davon gehört?"
„Ja, das sollen ganz
merkwürdige Gesellen
sein!" – „Sie nennen
sich die Eisheiligen!"
„Immer im Mai." –
„Ui ui ui!"
Die ganze Aufregung
kommt auch beim
kleinen Maulwurf an.
„Die Eisheiligen?
Das klingt aber spannend.

„Ich flitz schnell mal zu Frau Eule, die weiß bestimmt mehr darüber."
Die alte Eule lächelt milde: „Kurz bevor der Frühling richtig
startet, zieht noch einmal kalte Luft zu uns und es gibt im Mai
oft erneut Bodenfrost."
„Deswegen", die Eule gähnt, „lieber erst nach den Eisheiligen säen."
Und zack ist Frau Eule eingedöst.
„Mmh", denkt sich der kleine Maulwurf, „aber wie genau sehen
denn nun diese Eisheiligen aus? Naja, das frag ich die Eule ein
anderes Mal."

Der letzte Nachtfrost hat sich endlich auf eisigen Füßen davon-
gemacht. Der Maulwurf schleppt ein paar Blumentöpfe ins Freie,
freut sich schon über die eine und andere Frühlingsblume und will
jetzt selber etwas säen. Denn letzten Sommer hat der kleine Maulwurf fleißig Samen gesammelt, von ein paar Sommerblumen
und natürlich von seinen geliebten Erdbeeren.

Er hat sich eine reife Erdbeere gepflückt, sie in der Mitte
durchgeschnitten und zum Trocknen auf Papier gelegt.
Dann hat er die Samen der getrockneten Erdbeeren eingesammelt
und trocken und dunkel aufbewahrt. Er ist schon ganz
gespannt, ob es klappt. Vorsichtig bringt er sie in die
Erde. Versucht es doch
auch einmal.

9

Immer mehr Blumen recken nun ihre Köpfchen empor. Über die vielen Tulpen freut sich der Maulwurf besonders. In der Blumensprache stehen Tulpen für Liebe und Zuneigung, und er weiß auch schon, wem er gleich eine schenkt …

Wem möchtest du gern eine Tulpe schenken?

Unser
Maulwurf
im Sommer

Der Sommer hat sich hübsch gemacht und springt übermütig über Wiesen. Die Sommersonnenwiese fühlt sich pudelwohl damit und blüht in voller Pracht. Hier kann man richtig toll spielen, lecker picknicken und sich genüsslich die Zeit vertreiben.

Puh, für seinen Garten und die Wiese verbraucht der kleine Maulwurf ganz schön viel Wasser. Aber die Sonne hat nun die meiste Kraft.

Jetzt ist es wichtig, jeden Tag zu gießen. Der Maulwurf hat eine Idee:
Er stellt eine Tonne auf, um Regenwasser aufzufangen, so spart er Trink-
wasser, außerdem ist Regenwasser das beste Wasser zum Gießen von Pflanzen.

Heute hat der Maulwurf all seine Freunde zum Helfen eingeladen.
Denn so eine Sommerwiese muss auch ordentlich gepflegt und aus-
giebig mit Wasser versorgt werden – und im Sommer am besten in den frühen
Morgenstunden, denn bei großer Hitze verdunstet das Wasser viel zu schnell
und hat gar keine Zeit, in die Wurzeln zu gelangen.

Sommerzeit ist Erdbeerzeit! Endlich kann geerntet werden.
Oh, so viele Körbe voll! Der Maulwurf freut sich und Freundin
Maus auch. Denn sie kocht furchtbar gern Erdbeermarmelade.

Zähle alle reifen Erdbeeren, die du auf diesem Bild siehst. ☐

14

Auflösung ☛ Seite 41

Rezept für Erdbeermarmelade

Die Maus braucht dafür:

1 kg Erdbeeren ✔
900 g Zucker ✔
1 Tasse Wasser ✔

Zuerst schneidet die Maus die gewaschenen Erdbeeren klein, dann mischt sie das Wasser mit dem Zucker, bringt es zum Kochen und rührt, rührt, rührt, bis eine zähe Masse entsteht. Jetzt die Erdbeeren hinzu, gründlich umrühren und alles schön kochen lassen. Dann stibitzt sie ein klein wenig aus dem Topf und gibt es auf einen Teller. Wird es beim Kaltstellen schnell fest, ist die Marmelade fertig.

Guten Appetit!

Und da der Maulwurf nicht nur Erdbeeren in seinem Garten hat,
sondern auch einen wundervollen Kirschbaum, wird gleich weiter
geerntet. Kirschen schmecken lecker und mit Kirschkernen kann
man wundervoll Kirschkernweitspuckwettbewerbe veranstalten.

Und wenn ihr ordentlich geübt habt, könnt ihr euch bei
der Weltmeisterschaft im Kirschkernweitspucken anmelden.
Der derzeitige Weltrekord liegt übrigens bei 22,52 Meter.
Der Maulwurf und seine Freunde haben schon kräftig geübt.
Was denkt ihr, wer spuckt am weitesten?

17

Heute ist der kleine Maulwurf als Naturforscher unterwegs.
In seinem Garten haben sich nämlich ein paar sehr gefräßige
Raupen eingenistet. Damit sie ihm nicht seine ganzen Pflanzen
wegschnurpsen, hat er sie auf seine Sommersonnenwiese
umgesiedelt und guckt ihnen beim Fressen zu. Sie werden
immer dicker und größer und irgendwann häuten sie sich sogar.
Aber die alte Eule meint, das sei total normal. So ist das nun
mal, wenn sich eine Raupe in einen Schmetterling verwandelt.

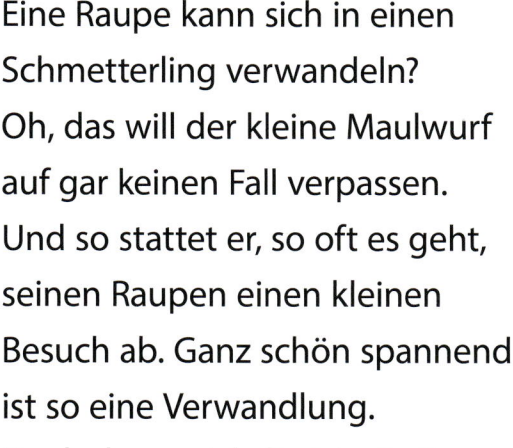

Eine Raupe kann sich in einen
Schmetterling verwandeln?
Oh, das will der kleine Maulwurf
auf gar keinen Fall verpassen.
Und so stattet er, so oft es geht,
seinen Raupen einen kleinen
Besuch ab. Ganz schön spannend
ist so eine Verwandlung.
Doch dann wickelt sich die Raupe
plötzlich ein. Einen Kokon nennt
man das. Und versteckt in diesem
Kokon passiert das Unglaubliche:
Der Raupe wachsen Flügel und langsam
aber sicher verwandelt sie sich in einen
schillernden Schmetterling.
Nun verlässt er seinen Kokon und tanzt aus-
gelassen in der Sommerluft und sagt dem
Maulwurf fröhlich Hallo, und der Maulwurf
winkt staunend zurück.

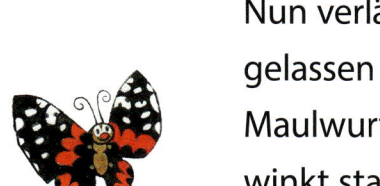

Unser Maulwurf genießt den Sonnensommer in seinem Garten.
Heute ist der kleine Bär zu Besuch.

„Wusstest du, dass Bienen einen Rüssel haben?"

„So ein Quatsch!", brummelt der Bär vergnügt. „Eine Biene ist doch kein Elefant!" –

„Nein, natürlich bin ich kein Elefant!", summt es da ganz nah. Aus einer Blüte
flügelt sich eine Biene heraus. „Sehe ich etwa aus wie einer? Ich habe sechs
Beine, vier Flügel und einen Stachel am Po, das hat nun wirklich nichts mit einem
Elefanten zu tun. Aber einen Rüssel habe ich trotzdem."

„Zum Tröten?", prustet der Bär. – „Quatsch! – Zum Nektar schlürfen natürlich,
daraus machen wir Bienen den Honig", berichtet die Biene stolz.

„Und nebenbei sorgen wir dafür, dass viele neue Blumen und Pflanzen wachsen können."

„Mmhhh", nickt der Bär, hört aber schon gar nicht mehr richtig zu, sondern hat seine Pfote tief in einen Topf mit Honig getunkt.

„Wie denn das?", fragt der Maulwurf da schon interessierter.

„Wenn wir auf einer Blüte sitzen, bleiben immer auch ein paar Blütenpollen an uns hängen, die streifen wir dann bei der nächsten Blume ab und bestäuben sie damit. Dadurch entwickelt sich der Samen und so kann wieder Neues wachsen." – Das findet unser Maulwurf aber toll und am liebsten hätte er jetzt noch viel mehr Bienen im Garten! Und damit sie sich auch bei großer Hitze bei ihm wohlfühlen, baut der Maulwurf kleine flache Badestellen für das Bienenvölkchen, gleich neben dem Gartenteich, und den Rest des Tages wird zusammen geplantscht, getobt und sich wenigstens ein bisschen abgekühlt.

① ② ③

Rätsel: Welche Blumen kennst du?

④ ⑤ ⑥ ⑦ ⑧ ⑨ ⑩

22

Auflösung ☞ Seite 41

Unser
Maulwurf
im Herbst

Im Herbst ist Apfel-Birnen-Zeit. Sie sind reif und wollen geerntet werden. Doch so viel können die Freunde gar nicht essen,
selbst der Igel nicht. Außerdem hat sich eine Menge Fallobst
angesammelt. Doch da hat, wie immer, Freundin Maus die richtige
Idee. Sie zaubert süßen Saft für alle daraus. Und wenn man den
Saft erhitzt oder einfriert, hat man sogar noch im Winter etwas
davon.

Rezept für Kinderpunsch

Die Maus braucht dazu:

Apfelsaft
Kirschsaft
Gewürztee
Kandiszucker

Die Maus kocht den Tee und löst darin den Kandiszucker auf. Dann füllt sie das Ganze mit Kirsch- und Apfelsaft auf und erwärmt alles noch einmal.

Genau das Richtige für Schmuddelwettertage, finden alle.

Der Herbst ist nun in vollem Gange und Bäume und Sträucher verlieren ihr Blätter-
gewand. Der Maulwurf überlegt, soll er das Laub einfach liegen lassen oder doch
lieber einsammeln? – „Na liegen lassen!", meinen die Regenwürmer. „Im Winter
sind alte Blätter Futter für uns, und viele Insekten können das Laub als Unter-
schlupf nutzen!" – „Nein, unbedingt aufsammeln!", meint die Wiese. „Bei zu viel
Laub über mir kann ich verfaulen." – „Also wenn ihr mich fragt, lieber liegen
lassen", knarzt der Baum und der Strauch nickt. „Wenn unter uns die Blätter ver-
rotten, geben sie wichtige Nährstoffe an den Boden ab, und das tut uns gut",
haucht der Strauch und der Baum nickt. – „Okay, okay", lacht der kleine Maulwurf
und macht sich an die Arbeit. Unter seinen Bäumen und Sträuchern bleibt eine
Schicht Laub liegen und die Wiese befreit er von alten Blättern, lässt aber das
eine oder andere Blatt fallen, worüber sich die Regenwürmer sehr freuen.

MAULWURF-SUDOKU

27

Auflösung ☞ Seite 41

Langsam wird es ruhiger im Maulwurfsgarten. Alle richten sich nun auf den Winter ein. Und manche Vögel bereiten sich auf ihre Reise vor. Denen ist es hier im Winter nämlich zu kalt und sie machen sich deshalb in wärmere Länder auf. Der Maulwurf verabschiedet sie und winkt ihnen hinterher. „Bis nächstes Jahr. Habt eine schöne Reise und kommt gesund wieder."

Aber ganz ohne Vögel muss der kleine Maulwurf nicht bleiben, denn es gibt einige, die mit unserem Winter auskommen und dableiben. Was macht ihr, wenn ihr im Winterwetter nach draußen möchtet? Ihr zieht euch bestimmt eine schöne warme Jacke an. Die Vögel tun etwas Ähnliches, sie plustern ihr Gefieder auf und das hält sie warm. Außerdem müssen die Vögel den Winter über viel fressen …

… und damit sie es auch richtig gut haben bei unserem Maulwurf, wird heute gehandwerkelt. Der Maulwurf hämmert und bohrt und feilt … Jetzt sind wir aber neugierig, was ist es denn geworden? Ein Vogelfutterhäuschen. Und als der Maulwurf noch ein paar Körnchen hineinlegt, sind alle sehr zufrieden. Vor allem natürlich die Vögel, denn wenn der Schnee alles zudeckt, ist Futter manchmal schwer zu finden.

Nun ist es nicht mehr weit bis zum Winter und ein bisschen riecht die Luft schon nach Schnee. Die Bäume haben ihre Blätterpracht verloren. Nanu? Was ist denn da? Die Tanne hat ja noch all ihre Nadeln und die sind sogar noch grün!

Da ist Tante Eule gefragt. „Nadeln sind auch Blätter, nur sind sie viel kleiner als die Blätter eines Laubbaums. Im Winter, wenn der Boden gefroren ist, können die Wurzeln kein Wasser ziehen, aber weil Blätter viel Wasser brauchen, beginnt der Baum in Vorbereitung auf den Winter, sie abzuwerfen. Die Nadeln dagegen sind mit einer Schicht umgeben, die ihnen hilft, nicht auszutrocknen. Und so können sie sogar bis zu 10 Jahre alt werden." Das findet der Maulwurf aber gut, ein bisschen Farbe bleibt also im Garten.

① ② ③

④ ⑤

Rätsel: Welcher Schatten gehört zu welchem Baum?

○ ○ ○

○ ○

32

Auflösung ☞ Seite 41

Unser
Maulwurf
im Winter

Der Winter kommt herangeweht und hat die Kälte im Gepäck. Und wisst ihr, was er noch im Gepäck hat? Genau, Weihnachten! Und zur Einstimmung schmückt der Maulwurf seinen Garten hübsch weihnachtlich. Auch die anderen Tiere sollen etwas davon haben. Er trommelt seine Freunde zusammen (außer den Igel, der wurde schon seit Tagen nicht mehr gesehen) und gemeinsam errichten sie in seinem Garten einen Futterbaum für die Tiere.

So langsam machen sich alle Sorgen um den Igel. Wo kann er nur sein?
Mit seinem Schlitten sucht der Maulwurf alles ab. Da, im hintersten
Eckchen des Gartens lugen ein paar Igelstacheln hervor. „Ach na klar,
der Igel hält, so wie viele andere Tiere, seinen Winterschlaf!"
Vorher hat er sich schön rund gefressen, fünf Monate kann er jetzt
davon zehren. „Schlaf gut, lieber Igel", flüstert der Maulwurf.

Findest du alle Tiere unter dem Schnee?

36

Auflösung ☞ Seite 41

Im Hügel kuschelt sich der Maulwurf in seine Gemütlichkeitsdecke. Für den Garten hat der Winter seine Schneedecke mitgebracht. Solange sie nicht zu schwer ist, dient sie Pflanzen als Schutz vor Kälte.

Und der Maulwurf findet, glitzernder Schnee ist mit der schönste Gartenschmuck.

Nun döst auch unser Maulwurf ein wenig vor sich hin, aber irgendwann wird ihm langweilig und nichts hält ihn mehr im Hügel. Er schaut sich in seinem Garten um.

„Mmh, alles noch ganz schön ruhig", denkt er.

Plötzlich hört er ein feines Klingeln aus seinem Garten. Da muss er doch sofort nachschauen. Und er sieht etwas so Schönes, dass er vor Erstaunen fast mit seinem Po in den Schnee plumpst. Hier lugt doch tatsächlich schon ein Schneeglöckchen hervor.

Das Maulwurfsherz beginnt ein
bisschen schneller zu klopfen, denn wo ein
Schneeglöckchen ist, da ist der Frühling
nicht mehr weit!

Auflösung zu Seite 5:

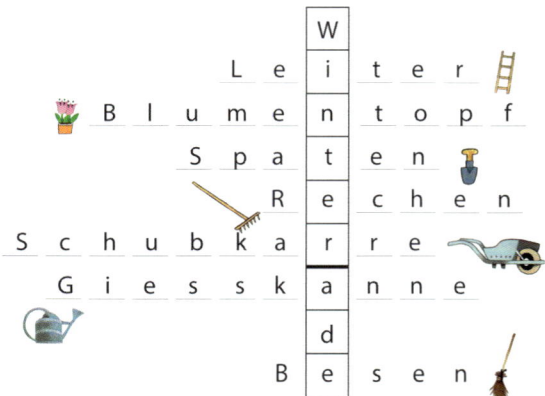

Auflösung zu Seite 7:

Auflösung zu Seite 14:
Es sind 27 reife Erdbeeren zu sehen.

Auflösung zu Seite 22:
① Kamille ② Löwenzahn ③ Lein ④ Glockenblume
⑤ Osterglocke ⑥ Flockenblume ⑦ Primel ⑧ Lupine
⑨ Distel ⑩ Tulpe

Auflösung zu Seite 27:

Auflösung zu Seite 32:

Auflösung zu Seite 36:
Unter dem Schnee sind 8 Tiere zu sehen.